LE

Procès Boulanger

LE PROCÈS BOULANGER

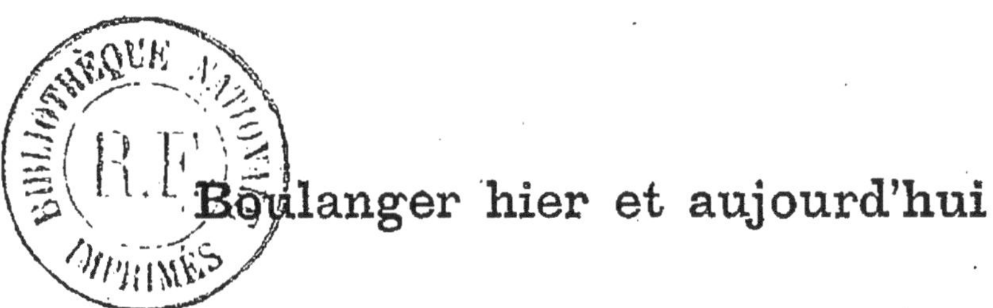

Boulanger hier et aujourd'hui

L'ex-général Boulanger avait exploité durant plusieurs années la curiosité publique ;

Aujourd'hui, Boulanger est démasqué.

Il voulait renverser le Gouvernement et devenir maître absolu de la France ; avec lui nous étions menacés de la guerre civile et de la guerre étrangère ;

La Justice en frappant le crime a conjuré le danger ;

On nous montrait un Boulanger de parade, nous connaissons désormais le vrai Boulanger.

Mauvais soldat, citoyen déloyal, homme sans scrupules et sans moralité, il a été un fléau pour l'armée et pour le pays ;

Mais l'heure des réparations a sonné ;

Un Conseil composé de généraux l'a, à l'unanimité, expulsé de l'armée pour indiscipline.

Et le Sénat, constitué en Haute Cour de Justice, l'a

condamné comme conspirateur et comme concussionnaire.

Dès qu'il a su que le Conseil des généraux s'assemblait, il a avoué en écrivant : « Je suis condamné d'avance ; »

Dès qu'il a été prévenu que le Sénat devait s'assembler, il a avoué en prenant la fuite... La fuite, en criminel ; car jamais un innocent ne se dérobe ainsi devant un débat public ; jamais un homme dont l'honneur est en question ne consent à tourner ainsi les talons, s'il a quelque bonne raison à donner.

Il s'est caché. Ses amis l'ont supplié de revenir pour se faire juger contradictoirement ; rien n'a pu le décider à se montrer.

Soixante témoins, dont huit généraux de notre armée, devaient être confrontés avec lui ; c'était une occasion unique de se défendre... Il n'a pas osé paraître et s'est enfui un peu plus loin.

A partir de ce moment, ses phrases vides n'ont plus trompé personne ; le mépris public l'a accablé.

Les Français l'ont hautement renié lors du renouvellement des conseils généraux ;

Les Parisiens n'ont pas même daigné faire attention à son procès, pas plus qu'à un procès ordinaire de la Cour d'assises.

Maintenant il est condamné à vie, privé de tous ses droits civils et politiques, rayé du tableau de la Légion d'Honneur.

Et il vit chez les Anglais, toute honte bue et menant train de prince. Il ne peut même pas expliquer quels sont ses moyens d'existence

Le Tribunal.

Jamais homme n'a été condamné plus justement, car les magistrats avaient les mains pleines de preuves. Jamais homme n'a été condamné plus régulièrement, car son affaire a été soumise au Sénat réuni en Cour de Justice.

En vain sur ce point Boulanger a-t-il eu recours au mensonge : MM. les sénateurs étaient seuls compétents. Il ne s'est pas agi de tribunal d'exception : MM. les sénateurs étaient les juges naturels de Boulanger.

C'est la Constitution de 1875 qui a attribué à la Chambre Haute la connaissance des attentats, des complots, et, généralement, de tous les crimes commis contre la sûreté extérieure et intérieure de l'Etat.

A ce point de vue, la troisième République n'a fait que suivre la tradition de tous les régimes qui se sont succédé en France depuis 1789. Comme eux, elle a compris la nécessité de se défendre et le besoin de confier sa défense à son corps politique le plus élevé.

Les Chartes et les Constitutions de 1791, de l'An XII, de 1814, de 1830, de 1848 et de 1852 ont consacré le principe et établi la haute juridiction.

Dès 1820, sous la Restauration, les militaires accusés de complot étaient renvoyés au Luxembourg, devant la Chambre des Pairs.

En 1889, Boulanger a été appelé devant les seuls juges qu'il pût avoir, et les hommes les plus respectés, les plus considérables du pays l'ont condamné à l'énorme majorité de 200 voix.

Aussi, est-il irrémédiablement flétri.

Les Preuves.

Pas un tribunal n'aurait pu se prononcer différemment, car les preuves abondaient.

Les témoins entendus sous la foi du serment l'accablaient ; les magistrats avaient découvert sa correspondance secrète ; on avait mis la main sur sa comptabilité.

Aux audiences de la Haute-Cour, M. le Procureur général Quesnay de Beaurepaire rassembla les documents décisifs, les mit en ordre et ne formula pas une accusation sans lire les pièces à l'appui. Aussi, eût-il le droit de dire ce mot très juste : « Je suis le dossier qui parle ! ».

Boulanger et sa bande.

En prononçant son réquisitoire, qui a duré quatorze heures, le Procureur général a scrupuleusement examiné la procédure instruite par une commission de neuf membres, que présidait M. Merlin, sénateur du Nord.

Il a commencé par peindre, pièces en mains, les trois accusés (Boulanger, Dillon et Rochefort) et leur entourage.

Suivant les documents écrits, Boulanger est un charlatan. S'il s'est jadis bien battu, et s'il a été blessé à son rang d'officier en sous-ordre, il n'a fait que son devoir, comme le plus humble de nos troupiers.

Sans capacité pour le commandement, il n'a nullement fait pour l'armée les choses dont il se vante.

Ainsi, ses achats d'équipement pour la réserve ont été si mal faits qu'ils coûtaient un prix exorbitant et ne pouvaient servir Simple trompe-l'œil.

Il en a été de même de ses fameux baraquements de l'Est, dans lesquels il n'a pas su loger un seul bataillon.

Ainsi encore, il n'a jamais doté notre infanterie du fusil Lebel, car, malgré sa jactance, il n'en a même pas remis 3,000 prêts à faire feu avant de quitter le Ministère. (C'est ce que nous apprend M. le général Gras dans sa déposition.)

Ainsi du reste.

Mais comment s'en étonnerait-on ? Boulanger a toujours fait du mensonge son habitude et son moyen d'action.

Pièces en mains, le Procureur général l'a montré mentant partout, mentant toujours. Tant qu'il a été officier, il a trompé ses chefs en altérant la vérité devant eux. Pendant qu'il était à Clermont, il ne faisait rien sans donner sa parole du contraire.

Ses cartes et ses télégrammes sont comme un abrégé de l'Histoire de la mauvaise foi à notre époque.

On se souvient de ses lettres de plat courtisan écrites à M. le duc d'Aumale et dont il a nié l'existence jusqu'au moment où elles ont été placées sous ses yeux.

Et voilà le personnage qui ose opposer ses simples affirmations au serment de soixante témoins.

Affolé d'ambition, il rechercha, dès l'année 1883, le concours d'agents secrets, et n'hésita pas à s'entourer de chevaliers d'industrie. Ses amis les plus intimes étaient :

Buret, condamné une fois pour rébellion et plusieurs fois pour escroqueries ;

La femme Pourpe, son entremetteuse, frappée aussi pour escroquerie, qu'il allait visiter à la prison Saint-Lazare quand il ne pouvait l'avoir près de lui ;

Deux filous, associés de la Pourpe, les nommés Duron et Ollivier, qu'il faisait sortir de Mazas avant l'expiration de leur peine ;

Un nommé Cattoire, condamné à cinq ans, qu'il recommandait aux juges en abusant de son titre de ministre,

Un nommé Foucaud, se disant de Mondion, vivant en concubinage avec une femme dénoncée comme espion allemand ;

Georges François, qui se faisait passer pour marquis d'Epernon et comte de Benay, et qui est signalé comme souteneur de profession ;

Pech, dit Pech de Cadel, condamné aux assises pour attentat à la pudeur sur un enfant.

Depuis lors, il s'est attaché de nouveau aux compagnons que le procureur général n'a pas qualifiés, mais qu'un allié de Boulanger, le sieur Granier de Cassagnac, traite de « gens de sac et de corde ».

Le second accusé, Dillon, qui s'attribue faussement le titre de comte, est un ancien officier condamné disciplinairement, comme Boulanger lui-même, démissionnaire vers 1869 : il a repris du service au moment de la guerre, mais n'a pas paru au régiment, et pendant que ses camarades se battaient, s'est réfugié avec une femme au bord de la mer. Il avait obtenu le grade provisoire de capitaine, en donnant sa parole qu'il le résignerait à la fin de la campagne. Il manqua à son serment et fut renvoyé avec cette note : « Officier à ne pas conserver. »

Dans l'intervalle, il avait été l'objet de nombreuses plaintes de la part de braves gens qui l'avaient nourri et logé, et auxquels il refusait paiement.

Pendant plusieurs années, affirme-t-on, il vécut aux frais de ses maîtresses.

Il donnait son adresse chez sa mère, mais cachait son véritable domicile pour échapper aux poursuites de ses dupes.

Il alla jusqu'à essayer de se faire remettre des marchandises précieuses, en offrant de payer avec des titres qui ne valaient que le poids du papier, ou en faisant sonner la garantie de son beau-père, bien qu'il n'eût jamais eu de beau-père.

Plus tard, il épousa une actrice de province qui avait des économies.

Nommé officier dans l'armée territoriale, il passa devant un Conseil d'enquête, sous prévention d'avoir abusé de son titre pour faire le commerce des chevaux avec une Société de maquignons anglais. La preuve fit défaut et il fut acquitté; mais les renseignements recueillis sur son compte furent détestables au point de vue de la moralité et de la délicatesse, et il fut suspendu de son grade pour une année. Ainsi flétri par un tribunal d'officiers supérieurs, il donna sa démission.

Le troisième accusé est Henri Rochefort, qui toute sa vie a prêché la guerre civile et fait de l'insulte une profession. Tout le monde se souvient qu'en 1871, sous les yeux des Allemands vainqueurs, il n'a cessé de pousser les Parisiens à l'incendie de notre capitale et à l'assassinat des ôtages.

Le Procureur général a retrouvé et lu à l'audience un article daté de cette époque, article dans lequel cet être indigne insultait la France et l'armée française ; le Sénat en a frémi de honte et d'indignation.

Le Procureur général a rappelé aussi qu'en 1871, devant le Conseil de Guerre, Rochefort a avoué qu'il disait sciemment le contraire de la vérité pour flatter les passions de ses lecteurs.

Un témoin digne de foi a révélé que ce même Rochefort, pour soutenir la campagne du *Sabre sauveur* de Boulanger, a reçu une somme de cent mille francs.

En ce qui concerne la corruption de ses mœurs, elle est connue de tout Paris.

Voilà les gens aux mains desquels la malheureuse France a failli tomber !

Ajoutons, pour l'édification du public, que ces gens n'ont pas de moyens d'existence, ou tout au moins que des ressources fort modestes, et qu'ils dépensent des centaines de mille francs par an, pour leur luxe et leurs plaisirs.

Le complot et l'attentat

Dillon avait été camarade d'école de Boulanger; Rochefort s'était lié avec Boulanger, lorsque celui-ci était ministre de la guerre. Le général voulait être dictateur ; il faisait déjà répandre son portrait en costume de souverain, une main sur le sceptre; Dillon voulait s'élever, à sa remorque, aux plus hautes dignités; Rochefort voulait se venger des notabilités du parti républicain, qui ne l'avaient jamais pris au sérieux, et son amour de la destruction était un existant de plus : tous les trois formèrent un complot dans le but de renverser le Gouvernement.

La réclame

Ils commencèrent par inonder la France des portraits embellis et des histoires mensongères de Boulanger; les journaux soudoyés firent chorus, on y ajouta des chansons composées sur commande; de fausses pièces de monnaie à l'effigie du général furent partout répandues; on parle ainsi à l'imagination du peuple et de l'armée; des bandes de camelots reçurent une haute paie pour acclamer partout le conspirateur, son nom, grâce à ces moyens entachés de charlatanisme, fut dans toutes les bouches; c'est ainsi que fut créée la fausse légende de cette popularité factice.

Au mois de mai 1887, lorsque Boulanger tomba du ministère, Rochefort dupa les naïfs, en répétant chaque matin dans son journal, que le général son patron pouvait seul sauver la France; et Boulanger prit alors nettement l'attitude d'un factieux en remerciant très haut tous les égarés qui outrageaient le Gouvernement pour saluer en lui *l'homme providentiel.*

Il fut envoyé à Clermont comme général en chef. C'était une faveur bien supérieure à ses titres et à son mérite : Rochefort cependant le représenta comme une victime.

A vrai dire, son éloignement de Paris contrariait leurs desseins, car ils étaient déjà fortement organisés et comptaient sur le grand âge de M. le Président Grévy pour avoir une occasion prochaine.

Les tentatives du mois de juillet 1887

Boulanger devait partir le 8 juillet pour Clermont-Ferrand ; Rochefort excita le peuple à s'opposer au départ. Une masse de trente mille hommes environ, composée de camelots, du parti des révolutionnaires, de gens des anciens partis et de la ligue dite des Patriotes, envahit la gare de Lyon. On détache le wagon, des hommes se couchèrent sur les rails, les forces de la police furent repoussées ; et la foule pendant une heure ne cesse de crier : « Il ne partira pas ! A l'Elysée ! »

Pendant ce temps l'émeute éclatait au dehors, sur la place de la Bastille, une des troupes de perturbateurs était conduite par un officier en uniforme, et une colonne considérable apparaissait dans le faubourg Saint-

Honoré, marchant sur le palais de l'Elysée. Tout avait été organisé d'avance, en vertu d'un mot d'ordre.

Enfin, à dix heures moins quelques minutes, trois officiers de paix conduisirent courageusement leurs escouades à l'assaut de la gare, prirent à revers la foule ameutée, la rejetèrent sur les quais, et l'on profita de cet instant de désarroi pour forcer Boulanger à partir.

Ses partisans blessèrent plusieurs agents. Ils vociféraient : « Vive Boulanger ! A l'Elysée !... nous ferons mieux à la revue du 14 ! ».

Boulanger arrivé à Clermont le 9, y fit son entrée solennelle le 10. Il devait visiter les principaux fonctionnaires les jours suivants, et passer la revue de ses troupes le 14. Au lieu de cela, il répandit le bruit qu'il était malade, déserta secrètement son poste, et vint se cacher à Paris le 14, pour être prêt à profiter des résultats de l'émeute préparée par les excitations de Rochefort.

En effet la revanche du 8 était fixée pour ce jour-là.

Dès midi une main inconnue coupa les fils télégraphiques qui relient le Ministère de la Guerre à l'Elysée et à la Préfecture de Police. M. Déroulède, président de la Ligue, et l'une des âmes damnées de Boulanger, vint se cacher au fond d'un massif, près de la Cascade du Bois de Boulogne, où des émissaires se glissaient à chaque instant pour lui parler.

Quand le cortège officiel parut, il fut insulté. La foule lança des pierres vers le Chef de l'Etat et vers le Ministre de la Guerre. L'attaque fut si violente et si persistante, que nos généraux auraient fait charger, si les émeutiers ne s'étaient dissimulés derrière un triple rang de femmes et d'enfants.

Au retour, notre grand Etat-major fut poursuivi jusqu'à la place de la Concorde.

Près de l'Arc de Triomphe, le régiment de la Garde Républicaine fut assailli par une forte colonne de gens disciplinés et obéissant visiblement à un mot d'ordre.

Boulanger avait corrompu un certain nombre de soldats de ce corps et ses partisans espéraient que la troupe mettrait crosse en l'air. Les émeutiers pressèrent le régiment sur son front et sur ses flancs, essayant de le couper, le brave colonel dut prendre ses mesures, et il a déclaré que s'il avait été moins sûr de son monde, il aurait formé le carré et fait usage de ses armes.

Boulanger attendait l'évènement, caché chez une femme de mauvaise vie.

Cette fois encore, la tentative d'attentat avorta. Mais les conspirateurs poussèrent leur effort jusqu'au bout, car au milieu de la nuit, une colonne de deux mille émeutiers environ déboucha des grands boulevards sur le faubourg Saint-Honoré, en criant : « Vive Boulanger ! A bas Grévy ! A l'Elysée ! ».

Après son échec, Boulanger retourna à Clermont. Il avait organisé avec ses affiliés un système de correspondance télégraphique indéchiffrable. Ils avaient tous de faux noms, leurs dépêches mystérieuses passaient inaperçues. Pendant l'instruction, on a trouvé, cachés dans une boutique de mercier, les papiers des conjurés, et l'une des pièces saisies a permis la traduction des dépêches. C'est Dillon qui avait combiné les chiffres de sa correspondance.

Dans l'un de ces télégrammes, Boulanger demandait à Déroulède : « Voulez-vous continuer l'effervescence ? » Dillon écrivait de son côté à Boulanger : « Le temps des paroles est passé. Il faut préparer la reprise. » Un de leurs auxiliaires, nommé Belleville, télégraphiait au général, de Clermont : « Je croyais que le premier acte serait pour la rentrée des Chambres ; tu parais le désirer plus tôt ; tu as peut-être raison ; j'attends tes ordres. » Rochefort, dans son journal, ne cessait d'appeler Boulanger au pouvoir et de prêcher la descente dans la rue.

Tout en se préparant, Boulanger élargissait le complot. Rochefort, dès son arrivée à Clermont, lui avait donné comme bras droit un nommé Ballière, son ancien camarade de la Commune.

Le général, d'autre part, entrait en relations avec Thiébaud, l'agent du prince Jérôme Bonaparte, et avec Morphy, l'anarchiste, condamné peu de temps auparavant en Cour d'assises. Dillon, resté à Paris, attirait au complot ses amis les orléanistes.

La Crise Présidentielle.

Bientôt une nouvelle occasion se présenta de tenter l'escalade du pouvoir suprême. Boulanger était à Paris comme membre de la Commission de classement des officiers lorsque M. le Président Grévy donna sa démission. Il y eut quelques jours d'incertitudes et d'émotion.

Boulanger, ayant reçu l'ordre formel de retourner à son corps comme tous les autres généraux, désobéit et resta pour nouer des intrigues dans les conciliabules politiques. Dans l'un, il dit que si le peuple se soulevait, les régiments resteraient dans leurs casernes. Suivant la déposition d'un des chefs de l'armée. ce propos séditieux méritait, à lui seul, le Conseil de guerre.

Dans une autre réunion, il conçut le projet de maintenir M. Grévy pour la forme. de laisser les troupes dans leurs casernes, de former un ministère de complices, et de faire envahir par son monde le Palais-Bourbon et l'Elysée. Aussitôt après, il aurait été proclamé dictateur.

Le mot d'ordre fut donné en conséquence, et le 1er décembre (1887), deux mouvements furent tentés, l'un devant la Chambre, l'autre du côté de l'Hôtel-de-Ville. Le lendemain 2, l'émeute fut plus grave ; il y eut combat sur la place de la Concorde, et, dans la rue Royale. Neuf gardiens de la paix furent blessés, et un garde renversé de son cheval, fut à moitié assommé. Un émeutier tira un coup de pistolet sur un autre garde.

Ces désordres accomplis avec une grande discipline, par suite d'un mot d'ordre que Déroulède avait donné publiquement, étaient l'œuvre des émeutiers de juillet, que la police connaissait bien. Le cri de ralliement : Vive Boulanger ! ne laissait aucun doute.

Aussi Boulanger avait fait insulter les généraux le 14 juillet, et faisait assommer les soldats le 2 décembre. Quelques mois après, lors d'une autre bagarre devant son hôtel, ses émeutiers à gages criaient devant un poste d'infanterie : « *A bas les lignards, ce sont des salauds.* »

Voilà l'homme qui a porté l'uniforme du général français, et qui a osé parler de son amour pour notre armée !

Les Mystères de Clermont.

Le 1er janvier 1888, Boulanger était de retour à Clermont. Après s'être montré dans la matinée, il disparut déguisé et arriva le soir à Lyon, où il se présenta à l'hôtel en s'inscrivant : « Solard Louis, âgé de 46 ans, propriétaire. » Le lendemain matin, il prenait un train du côté de la Suisse. On ignore où il est allé, mais quelque temps après, le bruit courut en Suisse qu'il s'était rendu à Prangins, chez le prince Jérôme. On a su, depuis, qu'une alliance avait été contractée entre eux.

A la même époque, il travaillait à corrompre les fonctionnaires en leur faisant annoncer son prochain avènement. On leur promettait des faveurs s'ils consentait à se livrer à lui. Ils étaient invités à écrire au général sous double enveloppe.

Le Plébiscite.

C'est à cette même époque que Boulanger tenta de remplacer ses émeutes impuissantes par le système anti-constitutionnel du Plébiscite.

Etant inéligible, il se porte dans sept départements;

plus tard, il fut candidat partout, même à des élections municipales.

Nommé député d'un département, il donnait aussitôt sa démission pour se présenter dans un autre, ne siégeait pas à la Chambre, ne s'employait qu'à totaliser les voix obtenues pour s'en faire un titre plébiscitaire; le suffrage universel n'était pour lui qu'une dupe et un marchepied.

Il poursuivait en même temps un autre but : Entretenir le bruit autour de son nom, et agiter le pays.

Renvoyé de l'Armée pour indiscipline.

Absorbé par les intrigues politiques, il ne s'occupait nullement de ses devoirs militaires et donnait un exemple scandaleux d'indiscipline; il fut expulsé. Aussitôt, Dillon et lui, eurent de longues discussions par dépêches chiffrées : Dillon lui conseillait de renoncer aux élections pour prendre attitude de prétendant; il voulait, disait-il, en faire un Empereur; Boulanger, d'autre part, tenait au système des plébiscites partiels. Enfin, Rochefort, dans son *Intransigeant*, poussait à une révolution.

Ils finirent par combiner ces trois plans : Boulanger alla se fixer à Paris et devint candidat universel; Rochefort provoqua sans relâche à des commencements d'émeute, et Dillon jeta solidement les bases d'un coup d'Etat.

On a de fortes raisons de croire qu'à cet instant, ce

même Dillon alla voir le comte de Paris, pendant qu'un fanatique, nommé Buttel, allait à Bruxelles pour s'assurer de l'alliance du Prince Victor ; et ce qui prouve que le complot prend alors une extension considérable, c'est que l'argent afflua de toutes parts. Dillon fut le caissier de l'entreprise. Au bout de trois mois, les associés, dépourvus de toute fortune personnelle, avaient huit cent mille francs en réserve. Boulanger vivait d'aumônes et de cadeaux, et menait un train de prince. Il avait une garde-du-corps de quinze personnes, et d'innombrables camelots, payés de quatre à six francs par jour, le suivant partout en criant : « Vive Boulanger ! » Une partie des fonds secrets venaient des pays étrangers, le sieur Vergoin l'a avoué devant des conseillers municipaux de Versailles.

Protecteur ou Consul à vie.

Boulanger, tout en continuant à se dire républicain avec les républicains, ne cachait guère son projet de détruire le Gouvernement.

Tantôt il faisait vendre son portrait de « *Protecteur de la France* » l'image étant posée sous un dais et revêtue de la pourpre ; tantôt on remaniait pour lui des monnaies à l'effigie de Napoléon III, avec addition d'une barbe et d'un chapeau de général. Un jour il envoyait un émissaire à Cannes où se trouvait un Prussien très influent et faisait demander à celui-ci de sonder M. de Bismarck pour savoir si son usurpation avec le titre de *Consul à vie* serait vue d'un bon œil à Berlin.

A vrai dire, les puissances étrangères éprouvaient pour lui un sentiment bien éloigné de l'estime, car les rapports de nos agents les plus sérieux contiennent (à cette époque) les renseignements suivants :

En Angleterre, l'opinion est que M. Boulanger travaille sourdement pour un prince.

En Allemagne, on considère le général comme un paillasse, et surtout comme un désorganisateur. Les chefs de corps disent couramment que ce qui pourrait arriver de plus heureux à l'Allemagne, en cas de guerre avec nous, c'est que Boulanger fut chargé du commandement des armées françaises.

A l'intérieur il était mieux traité. Le peuple était encore crédule à son endroit, et tous les adversaires de la République se réunissaient autour de lui, comptant sur son crime pour faire curée.

Ses intentions liberticides étaient d'ailleurs assez claires. Ainsi, un jour qu'une délégation lui offrait une canne d'honneur, il l'accepta en disant qu'il s'en servirait bientôt comme d'un manche à balai.

La Ligue dite des Patriotes.

Il lui fallait des gens d'action et des adhérents ; il en obtint à force de roueries, de promesses et de distributions d'argent.

La Ligue des Patriotes, œuvre de tout temps inutile

et même nuisible, était aux mains d'un exalté, M. Déroulède. Boulanger séduisit celui-ci par des phrases creuses sur la Revanche et par là s'empara de la ligue. Aussitôt cette force disciplinée et quasi-militaire fut complèment détournée de son but primitif et organisée en vue d'une action politique parisienne. Elle devint ainsi une menace terrible pour l'ordre public.

Les Fonctionnaires.

Boulanger trouva de même des auxiliaires redoutables dans l'armée et des courtisans serviles dans les administrations publiques. Il a essayé de tout corrompre; beaucoup ont résisté, mais beaucoup aussi ont succombé. Boulanger, à qui manque totalement le sens moral, a gardé précieusement les listes de ceux qu'il avait conviés à la trahison; il a classé leurs lettres par arrondissements et par cantons; et lorsqu'il a appris qu'on allait le poursuivre, la peur l'a si fort talonné qu'il n'a pris le temps ni d'emporter, ni de détruire cette collection d'infamies. Un hasard heureux a permis de la découvrir dans sa cachette. On peut dire après avoir lu ces pièces secrètes, que le filet de l'aventurier était tendu d'un bout à l'autre du pays.

Citons quelques exemples :

Un auxiliaire de la magistrature éprouve à la longue quelques scrupules de trahir un gouvernement qui le paie, et parle de démission. Boulanger écrit en travers, le brouillon de sa réponse révoltante : « Qu'il reste à son poste, il me servira mieux ».

Un receveur d'octroi lui écrit : « Débarrassez-nous de toute cette vermine... ». Il le remercie des vœux ainsi formés pour la guerre civile.

Un chef de bataillon d'infanterie lui écrit : « Nous allons enfin te voir à ta place à l'Elysée... ».

Un soldat de la garde républicaine lui promet le concours de toute sa compagnie...

Il remercie, lui, ancien général, ces militaires qui parlent de sédition.

Il remercie non moins l'individu qui offre « son concours armé » et cet autre qui se réjouit à la pensée du « Nouveau Deux-Décembre » ; et cet autre encore qui écrit le lendemain de l'élection de Boulanger : « La journée d'hier a marqué la mort de la République ».

On pourrait citer cent autres lettres pour appuyer cette preuve écrasante de la conspiration.

Son projet de Coup d'Etat était si bien arrêté qu'il essaya de désorganiser la Préfecture de Police, en corrompant M. Goron, chef de la Sûreté. M. Goron est de son département ; il l'a beaucoup connu autrefois : il osait compter sur sa complaisance !

Voici la lettre significative qu'il lui envoya :

« *19 Décembre 1888.*

» Monsieur Goron,

» Le général me prie de vous dire qu'il désirerait
» vous voir et causer quelques instants avec vous. Pour

» cela, vous n'avez qu'à venir *à la tombée de la nuit*, » et vous présenter *sans donner votre nom aux do-* » *mestiques.*

» Voulez-vous être assez aimable pour indiquer le » jour où vous pourriez venir, et l'heure exacte, *pour* » *que le général donne des ordres en conséquence,* » *de façon que personne ne vous voie.*

» Veuillez agréer, Monsieur, l'assurance de ma consi- » dération distinguée,

» BREUILLÉ,

» *Secrétaire particulier du général Boulanger.* »

En même temps, il faisait raccoler des soldats dans la rue. Ses agents secrets emmenaient ceux-ci dans des cafés sûrs, les faisaient boire et leur donnaient ensuite une pièce de 10 fr. en disant : « En 1889, il y aura une révolution faite par Boulanger. Vous ne tirerez pas ?... Nous serons devant, vous nous reconnaîtrez ! ».

Le 14 Juillet 1888.

Au milieu des tentatives d'émeute qui ne cessaient de se produire, à l'instigation de Rochefort, il convient de rappeler une des mieux préparées, celle du 14 juillet 1888.

On sait que Boulanger, pendant son ministère, avait fondé le Cercle Militaire dans le seul intérêt de sa réclame. C'est là que les officiers de la Territoriale étaient ardemment travaillés. Témoin, cette lettre :

« *A Monsieur le général Boulanger,*

» Le colonel Rousset m'a chargé de vous dire que,
» s'il n'était pas venu vous voir, c'est qu'étant très mal
» en cour, *il craignait d'être relevé de ses fonctions*
» *de Vice-Président du Cercle Militaire, fonction*
» *qui lui permettait de vous servir utilement.* »

En 88 les officiers de la Territoriale devaient aller en grande tenue à la revue de Longchamps, et Boulanger devait apparaître à cheval, en uniforme, on comptait sur leurs acclamations pour ébranler l'armée active. De grandes affiches rouges, portant aux quatre angles le portrait du conspirateur donnaient rendez-vous au peuple sur la place de la Concorde. C'est Morphy qui les distribua, c'est Dillon qui les avait payées ; Rochefort dans son Journal lança la provocation habituelle au désordre. Tout était prêt, et le danger était grand, lorsqu'un évènement imprévu déjoua les plans des conjurés. Boulanger reçut, la veille un coup d'épée de M. Floquet et ne put monter à cheval.

Janvier 1889

Lorsque Boulanger dut se rendre à la Chambre après son élection du 27 janvier dernier, l'armée du désordre occupa la place de la Concorde : de grandes précautions furent prises, ce qui n'empêcha pas certaines bandes de se jeter dans les cordons d'agents aux cris de « Mort à la police ! » Pendant cette collision, Boulanger était caché à cent pas de là dans un restaurant, attendant le résultat de l'attaque. Dès qu'il sut que force était restée à la loi, il s'esquiva prudemment.

Les espérances n'en furent pas ébranlées, c'est peu de jours après qu'il se ventait d'ouvrir l'Exposition Universelle en qualité de Chef de l'Etat.

Mais quelques semaines plus tard, il vit que le gouvernement était enfin décidé à lui demander compte de cette conspiration audacieuse qui jetait le trouble dans les affaires et menaçait le repos de la France. Se sentant hors d'état de se justifier, il se déguisa et passa brusquement en Belgique avec une de ses maîtresses.

Boulanger concussionnaire

L'instruction a révélé que Boulanger pendant son Ministère, a détourné l'argent de l'armée et de la Défense Nationale pour travailler à son complot et pour subvenir à ses dépenses personnelles. C'est ce qu'on appelle en langage usuel *l'abus de confiance.*

Les preuves sur ce point sont indéniables, car on les a relevées dans sa propre comptabilité. Il savait bien que son crime était là, tout entier écrit de sa main, car avant de fuir il avait fait recommander par Dillon de cacher les livres en lieu sûr. On les a saisis chez deux personnes différentes.

Ces écritures ont permis d'établir mathématiquement qu'il a dérobé, en dix-sept mois de ministère, une somme de deux cent quarante deux mille francs (242,000) pour payer les journaux qui lui faisaient de la réclame, les portraits et les histoires de fantaisie dont il inondait nos villes et nos campagnes, enfin tous les moyens de publicité qui avaient pour but de préparer sa dictature.

Il a été condamné par la Haute-Cour pour ce détournement.

Le Conseil de Guerre.

Il en a commis d'autres, mais qui ne se rattachant pas au complot, sont des crimes militaires et restent réservés au Conseil de guerre. S'il osait jamais revenir en France, il irait, à raison de ces faits, s'asseoir devant un Tribunal de généraux. Aussi, ne reviendra-t-il pas.

Cette page de l'histoire de Boulanger est bonne à connaître, car on sait qu'il a l'audace de faire crier « *A bas les Voleurs!* » et de se dire le chef de la *République Honnête.* On va être édifié sur son honnêteté.

Boulanger avait à sa disposition les fonds secrets de l'armée, qui ne peuvent être dépensés que pour l'armée. C'est avec cette caisse que nos ministres de la guerre paient les agents de renseignements, subventionnent les inventeurs pauvres, donnent des secours aux veuves et aux orphelins des militaires indigents, patronnent l'élevage de pigeons porteurs de dépêches, etc. Boulanger, qui faisait un si grand tapage de son patriotisme, a gardé pour lui une partie de cet argent, et dégarni d'autant la surveillance de nos frontières.

Qu'en a-t-il fait? Il n'avait pas un sou vaillant en dehors de sa solde, à tel point que deux ans plus tôt, il avait renoncé à la succession de son père, mort insolvable, et n'avait pas même payé les remèdes de la dernière maladie, s'élevant à *41 francs*.

Or, dès qu'il a été ministre, il a jeté l'argent à pleines mains, a payé les dettes de son père, qui s'élevaient à 75,000 francs, a meublé des petits appartements en ville pour recevoir des femmes, a donné à son ami Pech une grosse somme, a monté avec un failli une affaire ruineuse de clichage d'imprimés, a acheté des actions *nominatives*, il s'est en un mot livré à un gaspillage effrené des deniers de l'Etat.

Ce n'est pas tout : le jour même de son départ du Ministère, il a pris une somme de trente mille francs dans la caisse de réserve, à laquelle on ne peut toucher qu'en cas de déclaration de guerre, et il l'a détournée.

Il a sans contredit eu peur d'être découvert, car trois mois plus tard il a fait préparer un compte inexact, qu'il devait présenter au Président de la République pour se faire donner une décharge générale, mais le coup était si dangereux à tenter qu'il a reculé devant son exécution.

Ce n'est pas tout encore. Lorsqu'il était général commandant le corps d'occupation en Tunisie, l'argent lui faisait défaut et ses goûts le poussaient à la dépense. Il recourut alors aux plus tristes moyens pour se procurer des fonds.

Buret le chevalier d'industrie, son intime ami, lui procura deux affaires déshonorantes.

En premier lieu, il essaya de faire adopter pour la troupe un mauvais café en tablettes. Son droit de commission était fixé à la moitié de 210,000 francs ; Buret s'était réservé l'autre moitié.

En second lieu, il se chargea de favoriser une vente d'épaulettes moyennant vingt centimes par paire, qu'il partageait avec son même associé Buret.

Ces deux faits sont établis non seulement par la déposition de Buret, mais encore par sa propre correspondance.

Ce sont des crimes de corruption qui relèvent du Conseil de guerre.

L'instruction a relevé, en outre, des indices graves relatifs à d'autres actes d'indélicatesse qu'il aurait commis lorsqu'il était général en activité de service; ainsi un témoin affirme qu'il a essayé de trafiquer de la Légion d'honneur, avec le sieur Vergoin pour courtier.

Le commissaire du Gouvernement près le Conseil de guerre compléterait sans peine l'instruction sur ces différents points.

Mais pour la Haute-Cour il y en avait bien assez, et le Procureur général a dit avec raison en terminant son réquisitoire :

« Voilà Boulanger cloué au pilori; nul ne le déclouera jamais. »

Boulanger condamné par ses amis

Avant que la justice se soit prononcée, Boulanger était mis au ban de l'opinion par tout le monde. Rappelons quelques-uns des arrêts :

Le *Gaulois* le comparait à un marchand de pastilles.

Le *Soleil* disait (le 25 mai 1887) : « Il y a une question Boulanger », c'est déjà trop.... »

Pour tout dire, c'est un *procédé absolument révolutionnaire*.... Et ils aggravent encore cette impression *en nous menaçant d'une émeute*.... »

Le *Figaro* exécutait Boulanger le 13 mai 1888 dans un long article qui contenait ces mots : « Ce qui frappe le plus le public (dans l'administration de Boulanger) ce sont les réclames faites à grands coups de grosse caisse tantôt auprès du soldat, tantôt auprès du citoyen. »

L'*Autorité*, le 11 juillet 1887, réclamait sa révocation comme perturbateur, et l'accusait très haut de n'avoir pas rendu compte de l'emploi des fonds de l'armée. Elle avait dit, le 29 juin précédent : « Boulanger n'est qu'un héros de café-concert, dont les exploits se célèbrent dans la fumée des pipes. »

Et voilà les gens qui l'acclament aujourd'hui. Comment les croire ? Et pourquoi l'acclament-ils ? Parce qu'il leur a promis de renverser le Gouvernement.

Ces éloges de circonstance révèlent à sa charge un crime de plus.

Les amis de Boulanger jugés par eux-mêmes

Le 29 septembre 1883, Rochefort faisait le portrait suivant de M. Naquet : « M. Naquet, de tous les républicains véreux de notre connaissance est celui qui a le plus *impudemment* changé d'opinion. »

Vergoin, après son règlement de comptes bien connu avec la fille Sombreuil, fut honni de toute la bande.

Dillon traita Laguerre de blanc-bec en le surnommant « l'Enfant de Chœur. »

Rochefort déclare, dans l'*Intransigeant* du 4 mars 1885, que Déroulède a le cerveau dérangé. « Le Déroulédisme, écrivait-il, est une maladie nouvellement constatée par l'Académie de Médecine. Les effets de cette étrange affection sont à peu près semblables à ceux de la rage au point que M. Pasteur a été chargé d'en découvrir le microbe..... »

Le lendemain, Déroulède répondit poliment à Rochefort qu'il était un lâche, en lui rappelant son habitude d'envoyer de pauvres égarés à l'émeute, sans jamais s'y montrer lui-même.

Granier de Cassagnac les injuria tous et qualifia notamment Rochefort de « fantoche ».

Quand Dugué inventa son « La Fauconnerie », Rochefort le nomma aussitôt : « Monsieur de la Dindonnerie ».

Voilà ce que ces gens-là pensent les uns des autres; le public peut se faire par là une opinion sur eux tous.

La Défense de Boulanger.

Boulanger, au lieu de courber la tête devant les preuves accablantes du réquisitoire, a osé élever la voix du fond de sa cachette anglaise, et simuler une défense.

Il a fait voler des copies de pièces au Luxembourg afin de les dénaturer.

Il a recouru à ses habitudes de fourberie pour essayer de donner le change :

A ses mensonges il a ajouté les injures grossières et les menaces contre les magistrats et contre le Sénat.

Ses amis, lauréats de l'escroquerie et du proxénétisme, lui ont donné des certificats ;

Quelques-uns de ses partisans, compromis dans la procédure, l'ont défendu pour se défendre eux-mêmes.

Et les honnêtes journaux qui vivaient de ses fonds secrets ont imprimé ses belles plaidoieries lancées par dessus la Manche.

Rien de tout cela ne répondait au Réquisitoire.

C'était le vain effort du serpent écrasé qui s'agite encore avec fureur avant de mourir.

Il n'y a jamais eu un mot de vérité dans ses misérables manifestes.

Tous les gens de bon sens en ont haussé les épaules car ils ont tous reconnu que si Boulanger avait des preuves d'innocence à donner, il les apporterait à l'audience publique.

Non, Boulanger, il ne s'agit plus de jouer la comédie, comme vous l'avez fait durant trois années. L'heure est grave, venez discuter en France et devant la France. Le Procureur général produira ses témoins, vous produirez les vôtres; si vous niez l'anthenticité de vos lettres, on nommera des experts. Vous expliquerez d'où vient l'argent qui vous fait vivre vous et votre bande. La lumière de cette façon là sera complète. Venez, montrez-vous. C'est face à face qu'il faut combattre les onze cents pièces du dossier, les preuves écrites; qu'il fautaffirmer, le front haut, que vous n'avez pas conspiré, pas corrompu de fonctionnaires, pas reçu l'argent des princes, pas pris l'argent sacré de l'armée. Jusque là, vous n'êtes qu'un malfaiteur vulgaire qui a pris le train de Bruxelles après avoir fait son coup.

Venez donc Mais non, Boulanger ne veut pas venir. Il a même dit qu'il ne se présenterait pas plus devant le Conseil de guerre que devant le Sénat.

Il se borne à fuir, à fuir toujours et à expédier d'Angleterre des mensonges comme une marchandise de contrebande.

L'homme est toisé, la cause est entendue.

Moralité du Procès.

Les anciens partis défendent encore Boulanger. Ils ne se dissimulent pas le mépris que ce déclassé leur inspire, mais ils pensent pouvoir s'en servir encore pour faire un coup de main politique.

Ainsi l'on voit des hommes considérables et des princes d'origine française donner la main à un concussionnaire. aux gens de la Commune, à la faction tarée de la rue Dumont-d'Urville et protéger le crime pour la satisfaction de leurs ambitions !

Cela ne s'était jamais vu en France, non, à aucune époque.

Mais cette coalition monstrueuse ira contre son but. La France indignée flétrira l'alliance en se détournant des alliés.

Boulanger a commis le crime de complot, le crime d'attentat, le crime de détournement des fonds publics.

Il est plus coupable qu'un autre, puisqu'il devait donner l'exemple aux autres, et qu'il a vécu trente ans au milieu de l'armée française, école de l'honneur.

Ses crimes sont punis par le Code pénal.

Un bourgeois, un ouvrier, un paysan seraient condamnés s'ils avaient fait cela.

Tout général qu'il soit, il doit être condamné ; ou bien il n'y a plus d'égalité devant la loi, plus de morale.

Le Peuple Français est-il un peuple libre et honnête? Tient-il aux conquêtes de 1789 ?

Si oui, qu'il ne permette pas aux voleurs d'en haut de faire ce qu'il ne permettrait pas aux voleurs d'en bas ; qu'il ne laisse pas un soudard sans honneur lui poser le baillon sur la bouche ; qu'il fasse respecter les arrêts que la Justice rend en son nom.

Que des exploiteurs crient demain à travers nos villes et nos campagnes : « Boulanger candidat » ; la conscience publique répond : « Boulanger criminel ».

Paris. — Imp. Schiller, 10, faubourg Montmartre.

www.ingramcontent.com/pod-product-compliance
Ingram Content Group UK Ltd.
Pitfield, Milton Keynes, MK11 3LW, UK
UKHW021205230726
13926UKWH00001B/322